AF370905

CATALOGUE

DES

TABLEAUX

DU CABINET DE MONSIEUR LE

COMTE DE WASSENAER

D'OBDAM &c. &c.

Dont la Vente Publique se fera le 19. Août 1750.

Dans la Maison

DE CE SEIGNEUR.

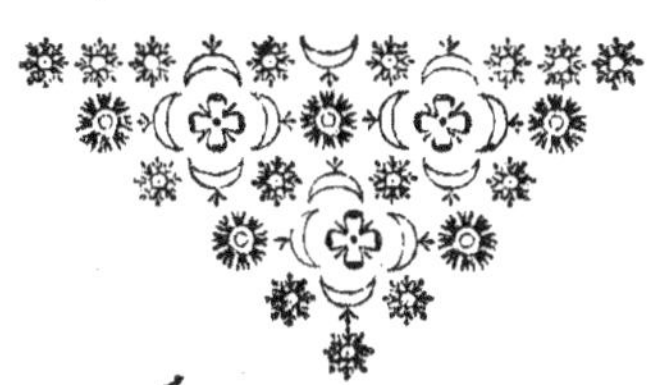

A LA HAYE,

PAR PIERRE DE HONDT.

AVERTISSEMENT.

TOUS les *Tableaux de ce Cabinet font parfaits dans leur Genre, & originairement des Peintres, dont ils portent le Nom, & de leur meilleur tems, au fentiment unanime des Connoiffeurs; de plus fans défauts, ni bleffures.*

Ces Tableaux font en Quadres de Bois, cifelez, & dorez, d'une Sculpture variée, & executée avec une extrême netteté & précifion.

On s'eft fervi de la Mefure du Pied de Rhinland, pour prendre les dimenfions des Tableaux.

On n'a pris ces dimenfions, que fur les Tableaux mêmes, fans y comprendre les Quadres.

La Largeur de la bordure des Quadres eft depuis $3\frac{1}{4}$ iufqu'a $1\frac{1}{2}$ Pouces, plus ou moins, felon la Grandeur des Tableaux.

Les acheteurs feront obligez d'ajouter $14\frac{1}{2}$ dutes à chaque Florin.

Le Payement fe fera en Argent blanc, & non en Or.

On ne delivrera aucune piece, que contre de l'Argent comptant.

Si quelqu'un neglige de retirer dans l'efpace d'un Mois après la Vente, ce qu'il y aura acheté, il fera libre au Vendeur de le revendre fans aucune Formalité Juridique: a charge que, s'il en vient moins, la perte & les frais feront pour compte du premier Acheteur, & s'il en vient plus, ce profit fera à l'avantage du Vendeur.

CATA-

BERIGT.

Alle de Schilderyen van dit uitmuntend Cabinet, fyn volmaekt in haer foort, en Origineel van de Meefters waer van zy de naem dragen, en van haer befte tyd, na het eenparig oordeel der kenders: ook Gaef en Ongefchonden.

Dezelve fyn genoegfaem alle in Gefneedene en Vergulde Lyften, waer van het Snywerk gevarieert, en met de uiterfte Suiver- en Correctheit, uitgevoerd is.

Men heeft de grootte der Schilderyen bepaelt na Rynlandfe Voet-maet.

Men heeft de maet alleen genoomen van de Schilderyen felve, fonder daer onder te begrypen de Lyften.

De breette der Lyften is van $3\frac{3}{4}$ Duim tot $1\frac{1}{2}$ Duim, meer of min, na de grootte der Schilderyen.

De Koopers fullen verpligt zyn by ieder Gulden te voegen $14\frac{1}{2}$ duiten.

De Schilderyen fullen niet worden afgeleevert als teegens Contante betaeling, dewelke fal moeten gedaen worden, in Silver geld, en niet in Goud.

Indien iemand in gebreeke blyft het gekogte binnen een Maend na de Verkooping af te haelen en te betaalen, fal het aen den Verkooper vry ftaen het felve fonder eenige Regtspleeging wederom aen anderen te verkoopen, en indien 'er minder van mogt koomen, fal het zelve, mitsgaders de onkoften daer op loopende, zyn ten lafte van den eerften Kooper; dog indien 'er meerder van mogt koomen, zal zulks zyn ten voordeele van den Verkooper.

A 2   CATA.

CATALOGUE

DES

TABLEAUX.

P: P: RUBENS.	Hauteur	Largeur en Pouces.
1 POrtrait d'un Homme avec une main	21½	18
REMBRANT.		
2 Portrait de lui même, orné d'une chaine d'or	21½	18¼
3 Téte d'un Vieillard couverte d'un Bonnet	16½	13
4 Portrait à mi-corps, le Chapeau en Téte, Fraise & Manteau . .	11	9
5 Téte d'un Vieillard en profil .	7	6
6 —— d'un Vieillard barbu, le chapeau en Téte	7½	6
7 —— d'un Vieillard . . .	7½	6
8 Portrait avec deux mains . .	7½	6
9 Téte en profil, avec un Turban .	7½	6
10 —— avec un Turban brun . .	7½	6

CATALOGUS

DER

SCHILDERYEN.

N°.		Hoogte	Breette	
		Duimen.		
	P: P: RUBENS.			
1	EEn Borftftuk, met een hand op de Borft. *Hoet:*	21½	18	*171*
	REMBRANT.			
2	Portrait van hem zelve, met een Goude Ketting om *Brouwer voor ſtuет*	21½	18¼	*202*
3	Een Oud Man met een Baerd, een Muts op 't Hooft *Deselve*	16½	13	*145*
4	Een Portrait half Leeven, met den Hoed op, Kraeg en Mantel *Fetswaert.*	11	9	*95*
5	Een Hooft van een Oud Man in profil *Brouwer voor ſtuет.*	7	6	*26*
6	———— van een Oud Man met een Baerd, en een Hoed op *La Fargue*	7½	6	*23*
7	———— van een Oud Man *De Hond.*	7½	6	*18*
8	Het Doctoortje, met 2 Handen *Fetswaert*	7½	6	*36*
9	Een Hooft in profil met een Tulband *Keizer.*	7½	6	*33*
10	———— met een bruine Tulband *Huistenray*	7½	6	*37*

A 3

11 Een

786

Nº.		Hauteur | Largeur en Pouces.	
11	Tête d'un Vieillard barbu . .	$7\frac{1}{2}$	6
12	—— d'un Vieillard avec un bonnet Rouge	8	7

GERHARD TER BURG.

13	Portrait d'un Homme, le Chapeau en Tête	$7\frac{1}{2}$	6

HANS HOLBEEN.

14	Portrait Original d'Erasme . .	7	$5\frac{1}{2}$

LUCAS VAN LEYDEN.

15	Portrait, de l'Année 1522. . .	$14\frac{1}{2}$	$11\frac{1}{2}$

GERHARD DOU.

16	Une Fille versant du Lait dans un Plat, avec quantité d'ustenciles & autres accompagnemens . . .	14	$10\frac{1}{2}$
17	Une Fille mangeant du Lait, avec accompagnemens	12	$14\frac{1}{2}$
18	Une Vieille, caressant un chat .	$8\frac{1}{4}$	$7\frac{1}{2}$

FLUWEELEN BREUGEL.

19	Vuë d'un Village avec beaucoup de figures, chariots, &c. . . .	$8\frac{1}{2}$	12
20	Paisage, avec figures, charettes &c.	$8\frac{1}{2}$	12

N°.		Hoogte	Breette Duimen.	
11	Een Oudmans Hooft met een Baerd.	$7\frac{1}{2}$	6	3c
12	—————— *De Hond.* met een roode Muts *Avet.*	8	7	64

GERHARD TER BURG.

| 13 | Een Man met een Hoed op *J. Vander Marck Æ.Z.* | $7\frac{1}{2}$ | 6 | 24 |

HANS HOLBEEN.

| 14 | Portrait van Erasmus *De Hond.* | 7 | $5\frac{1}{2}$ | 45 |

LUCAS VAN LEYDEN.

| 15 | Een Portrait van A°. 1522 *Keizer.* | $14\frac{1}{2}$ | $11\frac{1}{2}$ | 69 |

GERHARD DOU.

16	Een Meisje, melk gietende in een Schotel, met veel bywerk *Brouwer voor Avet.*	14	$10\frac{1}{2}$	1710
17	Een Meisje dat Pap eet, sittende by 't vuur, met veel bywerk *Vander Hoek.*	12	$14\frac{1}{2}$	400
18	Een Oude Vrou, die met een Kat speelt *Pircusati.*	$8\frac{3}{4}$	$7\frac{1}{2}$	155

FLUWEELEN BREUGEL.

| 19 | Dorp gesigt, met veel Beelden, wagens &c *Brouwer voor Avet.* | $8\frac{1}{2}$ | 12 | 510 |
| 20 | Land gesigt, met Karren, Beelden &c *Dezelve.* | $8\frac{1}{2}$ | 12 | 515 |

21 Ri-

3782

Nᵒ.		Hauteur	Largeur en Pouces.
21	*Grand Païsage, avec une Riviere, rempli de figures, Bateaux &c.*	14	25
22	*Vuë du Canal de Bruxelles, avec figures &c.*	6	$8\frac{1}{4}$
23	*Vuë d'un Village avec figures*	$4\frac{3}{4}$	$6\frac{1}{2}$

PHILIP WOUWERMAN.

Nᵒ.		Hauteur	Largeur en Pouces.
24	*Trois Chevaux, & des Païsans qui se reposent*	13	$15\frac{1}{2}$
25	*Une Ecurie, avec 9 chevaux & plusieurs figures*	16	22

VAN DER WERF.

Nᵒ.		Hauteur	Largeur en Pouces.
26	*Jeunes Filles jouant aux Offelets*	12	$9\frac{1}{2}$

ADRIAN VAN OSTADE.

Nᵒ.		Hauteur	Largeur en Pouces.
27	*Païsage avec un Troupeau de Bœufs*	10	$12\frac{1}{2}$
28	*Un Païsan qui fume*	8_2	7
29	*Une Vieille Femme avec un Devidoir*	$8\frac{1}{2}$	7
30	*Un Advocat, lisant dans son Etude*	11	$8\frac{1}{2}$
31	*Un Medecin examinant un Urinal*	11	$8\frac{1}{2}$
32	*Deux Païsans, qui fument*	$8\frac{1}{4}$	7
33	*Deux Païsans, dont l'un fume & l'autre boit*	$8\frac{1}{4}$	7

N°.		Hoogte	Breette Duimen.	
21	Rivier-gesigt vol Beelden en Schepen *Keizer.*	14	25	1160 — —
22	De Brusselse Vaert, met Karren, Beelden &c *Percusati.*	6	8¼	330 — —
23	Een Dorp-gezigt, met Beelden *Dezelve.*	4¾	6½	135 — —

PHILIP WOUWERMAN.

24	Drie Paarden met Rustende Boeren. *Hoet voor S.*	13	15½	527 —
25	Een Stal met 9 Paarden en verscheide Beelden *Brouwer voor Hvet.*	16	22	875 —

P. VAN DER WERF.

25	Meisjes die Bikkelen *De Molliere voor Colyns.*	12	9½	750 —

ADRIAN VAN OSTADE.

27	Landschap, met een Drift Beesten. *Percusati.*	10	12½	875 — —
28	Een Rookende Boer *Dezelve.*	8½	7	64 — —
29	Besje met een Haspel *Dezelve*	8½	7	58 — —
30	Een Advocaet leesende *Scheurleer B.*	11	8½	245 — —
31	Een Med: Doctor ziende op een Fles *Bisschop.*	11	8½	330 — —
32	Twee Rookende Boertjes *Percusati.*	8¼	7	122 — —
33	Twee Boertjes, een Rookende en een Drinkende *Dezelve.*	8¼	7	125 —

34 Drin-

4786 — — —

N°.		Hauteur	Largeur en Pouces.
34	Des Paiſans, qui boivent . .	$10\frac{1}{2}$	9
35	Un Joueur de Viëlle & pluſieurs Paiſans	10	13
36	Des Paiſans jouant au Tric Trac dans une Maiſon, avec 10 figures & accompagnemens . . .	12	10
37	Un Alchymiste, une Femme, quelques Garçons, & beaucoup d'accompagnemens	13	17
38	Une Femme travaillant à l'aiguille, & un Enfant dans une Maiſon, avec beaucoup d'accompagnemens . .	15	13
39	Des Paiſans & Paiſannes, qui danſent devant une Maiſon, avec 16 ou 17 figures . . .	$17\frac{1}{2}$	22
40	Un Homme à cheval, avec pluſieus figures, des Vaches, Cochons Chiens, devant une Ferme . .	22	19
41	Une Paiſanne qui file, pres d'elle un Garçon, & 2 autres dans le Lointain devant une Maiſon . .	$17\frac{1}{2}$	14
42	Ecole de Village	9	$7\frac{1}{4}$
43	Vieillard aſſis ſous un Arbre . .	10	$8\frac{3}{4}$
*43	Bis, un Avocat d'une figure Pittoreſque		

GABRIEL METZU.

N°.		Hauteur	Largeur
44	Un Homme qui fume avec une Femme derrière lui	$10\frac{3}{4}$	9

PAUL

Nº.		Hoogte	Breette	
		Duimen.		
34	Drinkende Boeren . . . *Scheurleer B.*	$10\frac{1}{2}$	9	182 — —
35	Lierman met veel Boeren . . *Bisschop.*	10	13	335 — —
36	Boeren in 't Verkeerbort speelende, in een Binnenhuis, met 10 Beelden. *Hoet.*	12	10	320
37	Een Alchimist, een Vrou, en Jongens, Bywerk . . . *Brouwer voor Avet.*	13	17	910 — —
38	Een Vroutje, dat naait, en een Kind, in een Binnenhuis, met veel Bywerk *Huistenray.* . .	15	13	285 — —
39	Dansende Boeren en Boerinnen, buiten Huis, met 16 à 17 Beelden. *De Molliere voor Colyns.*	$17\frac{1}{2}$	22	2160 — —
40	Een Man te Paerd met verscheide Beelden, Honden, Koeyen, Verkens, voor een Boeren Huis . *Sornier*	22	19	400 — —
41	Een spinnende Boerin, waer by een Jongen staet, en nog twee in 't verschiet, buiten Huis . . *Vander Hoek.*	$17\frac{1}{2}$	14	200 — —
42	Kinder School . . . . *Hoet.*	9	$7\frac{1}{4}$	505 — —
43	Een Oud Man met een stok, sittende onder een Boom . *Yver. Naar Ostade.*	10	$8\frac{1}{4}$	30 — —
*43 Bis.	Oud Man met een Swarte Muts. *Perenisati.*		—	40 — —

GABRIEL METZU.

| 44 | Een Man Rookende met een Vrouw agter hem . . . . *Huistenray* | $10\frac{3}{4}$ | 9 | 283 — |

PAUL

5650 — —

Nº.		Hauteur	Largeur en Pouces.
PAUL POTTER.			
45	*Païsage, avec quatre Vaches* .	$12\frac{1}{2}$	13
46	*Païsanne, qui trait une Vache, & quelques autres Vaches, deux Païsans &c.*	$19\frac{1}{2}$	17
ADRIAN VAN DE VELDE.			
47	*Un Bois, avec un Troupeau de Betail*	9	$10\frac{1}{2}$
48	*Païsage, avec des Vaches & Brebis*	8	$10\frac{1}{2}$
49	*Païsage, avec des Vaches & Brebis*	$14\frac{1}{2}$	$16\frac{1}{2}$
CORNEILLE POELENBURG.			
50	*Des Nimphes, qui se baignent* .	$9\frac{1}{4}$	$12\frac{1}{2}$
51	*Femmes Nuës, avec des Enfans* .	7	10
FRANZ MIERIS L'ANCIEN.			
52	*Une Vieille Femme, avec une Coëffe noire, lisant; paire de Nº 57* .	6	$4\frac{1}{2}$
WILLEM MIERIS.			
53	*Une Femme, qui vend des Chataignes, un Garçon, qui en achette, & beaucoup d'Accompagnemens* .	18	$14\frac{1}{2}$
54	*Une Fille, tenant un Cocq a la main, un Garçon & accompagnemens* .	18	$14\frac{1}{2}$
55	*Un Païsan, qui vend du Poisson à une Femme, dans une Cuisine Hollandoise, avec beaucoup d'accompagnemens.*	19	16

56 Une

N°.		Hoogte	Breette Duimen.	
	PAUL POTTER.			
45	Vier Koeyen in een Lanfchap. *Copy Bisfchop.*	12½	13	*200 — —*
46	Een Boerin die een Koe Melkt, ftotende Beeften, 2 Boeren, een Hond *De Mottiere voor Colijns.*	19½	17	*425 — —*
	ADRIAN VAN DE VELDE.			
47	Een Bofch met een Drift Beesjes. *Da Costa.*	9	10½	*115 —*
48	Landfchap met Koeyen en Schapen *Frank.*	8	10½	*145 — —*
49	Landfchap met Koeyen en Schapen *Percusati:*	14½	16½	*360 — —*
	CORNEL: POELENBURG.			
50	Baedende Nymphen *Keizer:*	9¼	12½	*125 — —*
51	Naekte Vroutjes met Kindertjes *Van Heteren.*	7	10	*200 — —*
	FRANZ MIERIS D'OUDE.			
52	Een Oude Vrou met een zwarte Kaper, leefende; paar van N°. 57. *Juliot.*	6	4½	*172 — —*
	WILLEM MIERIS.			
53	Een Wyf dat Carftanjes weegt, met een Jongen, en veel bywerk. *Percusati.*	18	14½	*322 — —*
54	Een Meisje, met een Haen in de Hand, met een Jongen, en bywerk. *Dizelve.*	18	14½	*402 — —*
55	Een Boer, die Vifch verkoopt aen een Vrou, met veel bywerk, in een Keuken *Vander Hoek*	19	16	*500 — —*

B 3

56 Een

3046 — —

N°.		Hauteur	Largeur en Pouces.
56	Une Boutique de Denrées de Confommation, avec une Femme & un Garçon & beaucoup d'accompagnemens	19	16
57	Un Matelot tenant un Verre d'une main & une Pipe de l'autre ; paire de N.º 52	6	$4\frac{1}{2}$
58	Compagnie de Singes, prenant le Caffé, afforti à N.º 94 . . .	$11\frac{1}{2}$	$14\frac{1}{2}$
59	Paifage près d'un Canal en Hollande	9	$12\frac{1}{2}$
60	Paifage Montagneux . . .	6	9
61	Vuë d'un Village Hollandois . .	$7\frac{1}{2}$	9
62	Un Homme avec un Bonnet de Fourrures, lifant la Gazette . . .	$5\frac{1}{2}$	5

FRANZ MIERIS, LE JEUNE.

N°.		Hauteur	Largeur en Pouces.
63	Une Femme avec un Brochet dans un Baffin de Cuivre	$7\frac{1}{4}$	6
64	Une Femme mangeant du Lait .	$6\frac{1}{2}$	$5\frac{1}{2}$
65	Un Homme, un pot de Bierre à la main	$6\frac{1}{2}$	$5\frac{1}{2}$

HANS ROTTENHAMER.

N°.		Hauteur	Largeur en Pouces.
66	Une Danaë, reçevant la pluie d'ór	8	$9\frac{1}{2}$
67	La chute de Phaëton, avec beaucoup de figures ; Paifage par Fluweele Breugel	15	21

GOTTFRIED SCHALKE.

N°.		Hauteur	Largeur en Pouces.
68	Une Fille, faifant des Sauffiffes, avec un Garçon & accompagnemens .	12	9

No.		Hoogte	Breette	
			Duimen.	
56	Een Kruideniers-winkel of Comeny, met 2 Beelden *Percusati:*	19	16	546 — —
57	Een Matroos met een Glas en Pyp in handen; paar van No. 52 *Colyns.*	6	4½	125 —
58	Aepe Gefelfchap, Coffy drinkende; paar van No. 94 *Jotswaert*	11½	14½	227 —
59	Landfchap aen een Vaert *Fiet*	9	12½	73 —
60	Bergagtig Landfchap *Dezelve*	6	9	70 — —
61	Een Dorp-gefigt *Schurleer B*	7½	9	136 — —
62	Een Man, met een Bonte Muts, de Courant leefende *De Hond*	5½	5	28 — —

FRANS MIERIS DE JONGE.

No.		Hoogte	Breette	
63	Een Vrou met een Snoek in een Kooperen Emmer *Keizer*	7¼	6	38 — —
64	Een Vrou die Melk eet	6½	5½	28 — —
65	Een Man met een Kan in de Hand. *Dezelve*	6½	5½	25

HANS ROTTENHAMER.

No.		Hoogte	Breette	
66	Een Danaë *Frank:*	8	9½	150 — —
67	Val van Phaéton, met veel beelden, Landfchap van Fluweelen Breugel *Hoe voor den Ontfanger Generaal Van Slingeland*	15	21	1510 — —

GOTTFRIED SCHALKE.

No.		Hoogte	Breette	
68	Een Meisje, dat worft ftopt, met een Jongen *De Molliere voor Colyns.*	12	9	465 — —

69 Een

3419 — —

N°.	Hauteur	Largeur
	en Pouces.	
69 *Une Fille, voulant prendre un Papillon fur des Fleurs à une Fenétre*	I 2	9
JAN STEEN.		
70 *Foire de Village*	8	$9\frac{1}{2}$
DU SART.		
71 *Des Paifans, qui fe battent* . .	8	$9\frac{1}{2}$
ADRIAN BROUWER.		
72 *Des Paifans, qui fe battent dans une Cuifine*	I 0	I 3
VAN TOLL.		
73 *Un Homme mangeant du Harang*	$I0\frac{1}{4}$	$7\frac{1}{2}$
J: BEGA.		
74 *Un Alchymifte, avec beaucoup d'accompagnemens*	I 4	$I2\frac{1}{2}$
ROELAND XAVERY.		
75 *Paifage avec des Lions & Tigres* .	9	I 4
76 *Paifage avec des Vaches, des Chevres, & des Brebis* . . .	I 8	3 2
77 *Paradis Terreftre, avec grand nombre d'Animaux*	2 I	3 5
78 *Paifage, avec differens Animaux* .	7	$I0\frac{1}{2}$
PAULO BRILL.		
79 *Vuë près de Rome, & quantité de fig.*	$8\frac{1}{2}$	$I1\frac{1}{4}$

N°.	Hoogte	Breette Duimen.		

69 Een Meisje, een Capelle vangende in een Venster . . .   12   9   252 — —
Scheurleer B.

JAN STEEN.

70 Een Boere-Kermis . . .   8 $9\frac{1}{2}$ 63 —
Percusati

DU SART.

71 Vegtende Boeren . .   8 $9\frac{1}{2}$ 100 — —
Brouwer voor 't vet.

ADRIAN BROUWER.

72 Vegtende Boeren, in een Keuken.   10   13   378 — —
Huistenray.

VAN TOLL.

73 Een Man Eetende een Haring $10\frac{1}{4}$ $7\frac{1}{2}$ 155 — —
Brouwer Dezelve voor 't vet.

J: BEGA.

74 Een Alchimist met veel bywerk .   14 $12\frac{1}{2}$ 300 — —
Vander Hoek.

ROELAND XAVARY.

75 Leeuwen en Tygers in een Landschap . . .   9   14   50 — —
Percusati.

76 Landschap, met Koeyen, Geiten, Schapen &c. . .   18   32   225 — —
Huistenray.

77 Aerds Paradys met veel Dieren .   21   35   138 — —
Percusati.

78 Een Landschap met verscheide Dieren *Dezelve* . .   7 $10\frac{1}{2}$ 63 —

PAULO BRILL.

79 Gesigt by Romen, vol Beelden . $8\frac{1}{2}$ $11\frac{1}{4}$ 134 —
Huistenray.

C   80 Berg-

2154 — —

Nº.	Hauteur	Largeur en Pouces.
80 *Paifage Montagneux* . . .	$8\frac{1}{2}$	$11\frac{1}{2}$
HERMAN SAGTLEVEN.		
81 *Paifage, avec figures* . . .	9	11
82 *Vuë fur le Rhin, avec plufieurs bateaux & figures*	$8\frac{1}{2}$	12
83 *Vuë en Allemagne, avec figures* .	14	18
84 *Paifage, avec figures* . . .	6	9
85 *Vuë fur le Rhin, avec plufieurs figures*	9	$12\frac{1}{2}$
86 *Paifage, avec figures* . . .	$4\frac{1}{2}$	6
87 *Paifage, avec figures* . . .	$4\frac{1}{2}$	6
GRIFFIER L'ANCIEN.		
88 *Vuë fur le Rhin, avec plufieurs figures*	$10\frac{1}{2}$	13
89 *Vuë fur le Rhin, avec beaucoup de figures*	10	13
90 *Vuë fur le Rhin, près d'une Ville, avec beaucoup de figures* . .	10	13
GRIFFIER LE JEUNE.		
91 *Vuë fur le Rhin, avec figures* .	11	$14\frac{1}{2}$
92 *Vuë dans des Montagnes, près d'une Ville, avec figures* . . .	11	$14\frac{1}{2}$

N°.	Hoogte	Breette Duimen.			
80 Bergagtig Gefigt . *Keizer*. .	8½	11½	400	—	—
HERMAN SAGTLEVEN.					
81 Land gefigt met Beelden . . *Van der Hoek.*	9	11	250	—	—
82 Rhyn gefigt met veele Scheepjes, en Figuren *Hoet.* . . .	8½	12	262	—	
83 Een gefigt van Switfer- of Duits- land met Beelden *Keizer.* .	14	18	351	—	.
84 Land gefigt met Beelden . . *Dezelve.*	6	9	202	—	—
85 Rhyn gefigt met veel Figuren . *Dezelve.*	9	12½	114	—	—
86 Landfchap met Beelden . . *Verfchuuring.*	4½	6	} 120	—	—
87 Een Landfchap, met Beelden .	4½	6			
GRIFFIER D'OUDE.					
88 Een Rhyn gefigt, met Beelden . *Keizer.*	10½	13	205	—	—
89 Een Rhyn gefigt, met veel Beelden. *Van der Hoek.*	10	13	252	—	—
90 Een Rhyn gefigt, vooraen een Stad met veel Beelden *Keizer.* .	10	13	207	—	—
GRIFFIER DE JONGE.					
91 Een Rhyn gefigt met Beelden . *Van der Hoek.*	11	14½	208	—	—
92 Een gefigt in Bergen by een Stad, met Beelden . . . *Van Kuik.*	11	14½	202	—	—

PIE-

2654 —

N°.		Hauteur	Largeur en Pouces.
	PIETER GYSSELS.		
93	*Vuë sur le Rhin, avec figures* .	8	10
	NICLAES VAN VEERENDAEL.		
94	*Compagnie de Singes à table, faisant les Rois, assorti à N°: 58* . .	$11\frac{1}{2}$	$14\frac{1}{2}$
	VAN DER HEYDE.		
95	*Vuë de la Cour de Bruxelles par derriere*, ornée par Adrian van de Velde	$9\frac{1}{4}$	11
96	*Vuë d'une porte de Ville* . .	$9\frac{1}{4}$	11
97	*L'Ancienne Porte des Reguliers à Amsterdam*, ornée par Adrian van de Velde	$9\frac{1}{2}$	13
98	*Vuë dans une Ville, ornée par le même.*	9	$10\frac{1}{2}$
	HENDRIK VAN STEENWYK.		
99	*Une Eglise Catholique Romaine*, les figures par Fluweelen Breugel .	13	18
100	*Une Eglise comme ci-dessus*, les figures par Fluweelen Breugel .	14	22
	JAN BOTH.		
101	*Paisage, avec un Troupeau de betail.*	10	$12\frac{1}{2}$
102	*Paisage, avec des figures* . .	19	24

N°.		Hoogte	Breette
		Duimen.	
PIETER GYSSELS.			
93 Een Rhyn gefigt met Beelden .		8	10 *206*
Keizer.			
NICLAES VAN VEERENDAEL.			
94 Aepe Gefelfchap, op drie Koningen Avond; paer van N°. 58 . .		11½	14½ *150*
Dezelve.			
VAN DER HEYDE.			
95 Gefigt van 't Hof van Bruffel van agteren, geftoffeert door *Adr: van de Velde* . . .		9¼	11 *172*
Dezelve.			
96 Weergae, *van defelve* een Stads Poort .		9¼	11 *200*
Van der Hoek:			
97 De Oude Reguliers Poort van Amfterdam, geftoffeert door *Adr: van de Velde* . .		9½	13 *210*
Dezelve.			
98 Gefigt in een Stad, geftoffeert, door defelve . .		9	10½ *204*
Keizer.			
HENDRIK VAN STEENWYK.			
99 Een Roomfche Kerk, met Beeldjes, van Fluweelen Breugel .		13	18 *222*
Dezelve.			
100 Roomfche Kerk, met Beeldjes van Fluweelen Breugel . . .		14	22 *365*
Juliot.			
JAN BOTH.			
101 Landfchap met een Drift Beesjes.		10	12½ *70*
Percusati.			
102 Landfchap met eenige Beelden .		19	24 *105*
Frank.			

JAN

1902

Nº.		Hauteur	Largeur en Pouces.
	JAN VAN GOOL.		
103	Paifage, avec des Chiens . .	9	14
	ADAM ELSHAMER.		
104	Jupiter & Mercure chez Philemon & Baucis	$6\frac{1}{2}$	9
	CHALON.		
105	Vuë d'une Riviere & de Montagnes.	10	$12\frac{1}{2}$
	SEBASTIAN FRANCK.		
106	Un Bal à une Cour, avec beaucoup de figures	23	34
	PHILIP VAN DYK.		
107	Une Vielle badinant avec un Chat .	9	$6\frac{1}{2}$
108	Une fille qui plume un Cocq à la fenétre	10	$7\frac{1}{2}$
	JAN DEKKER.		
109	Paifage, avec une Ferme, & un Paifan paffant fur une planche . .	19	24
	BREKELENCAMP.		
110	Une Femme en Couche, & trois figures	$13\frac{1}{4}$	12
	MOMPER.		
111	Paifage, les figures par Fluweelen Breugel	18	29

VIN-

N°.		Hoogte	Breette
		Duimen.	
	JAN VAN GOOL.		
103	Landfchap met Honden . . *Huistenray*	9	14
	ADAM ELSHAMER.		
104	Jupiter en Mercurius , by Philemon en Baucis . . . *Huistenray.*	$6\frac{1}{2}$	9
	CHALON.		
105	Een Rivier- en Berg-gefigt . . *Tiet*	10	$12\frac{1}{2}$
	SEBASTIAN FRANK.		
106	Een Bal aen een Hoff , met veel Beelden. *Huistenray.*	23	34
	PHILIP VAN DYK.		
107	Een Besje die met een Kat fpeelt. *Kuiper:*	9	$6\frac{1}{2}$
108	Een Meisje plukkende een Haen uit een Venfter *Brouwer* .	10	$7\frac{1}{2}$
	JAN DEKKER.		
109	Een Landfchap , met een Boerewoning *Brouwer voor Tiet:*	19	24
	BREKELENKAMP.		
110	Een Kraem Vrou, en drie Figuren. *Huistenray*	$13\frac{3}{4}$	12
	MOMPER.		
111	Landfchap, en Beeldjes van Fluweelen Breugel . . . *Van Heteren.*	18	29

N°.		Hauteur	Largeur en Pouces.
	VINKEBOOM.		
112	*Foire de Village, avec nombre de figures*	17	27
	WILLEM VAN DE VELDE.		
113	*Une Eau Calme, & des Bateaux* .	$5\frac{1}{4}$	$7\frac{1}{2}$
	JOCHEM UITTEWAEL.		
114	*Le Combat des Geans contre les Dieux*	6	8
	ADAM WILLAERTS.		
115	*Vuë de Mer, avec des Rochers, Vaisseaux & figures*	24	40
	VORSTERMAN.		
116	*Paisage Montagneux, avec plusieurs figures*	$7\frac{1}{2}$	9
117	*Paisage, avec figures* . . .	6	$8\frac{1}{4}$
	WYNANTS.		
118	*Paisage, & une Chasse dans un lointain*	$10\frac{1}{2}$	$14\frac{1}{2}$
	VAN DEN BOSCH.		
119	*La Ville d'Anvers, vuë du côté de la Tête de Flandres* . . .	20	37
	VAN DER NEER.		
120	*Paisage, avec des Vaches* . .	9	$12\frac{1}{2}$

NIEUW.

N°.		Hoogte	Breette Duimen.	
	VINKEBOOM.			
112	Boere Kermis, vol Beelden, en bywerk *Porcusati*	17	27	*202 —*
	WILLEM VAN DE VELDE.			
113	Een ftil Water, met Scheepjes . *Fiet*	$5\frac{1}{4}$	$7\frac{1}{2}$	*82 — —*
	JOCHEM UITTEWAEL.			
114	De Reufen ftryd, tegen de Gooden. *Cormier*	6	8	*300 — —*
	ADAM WILLAERTS.			
115	Zee ftuk, met Scheepen, Beelden, Rotfen *Keizer*	24	40	*166 — —*
	VOSTERMAN.			
116	Een Bergagtig gefigt met veel Beelden *Vander Hoek*	$7\frac{1}{2}$	9	*112 — —*
117	Een Land gefigt met Beelden *Keizer*	6	$8\frac{1}{4}$	*63 — —*
	WYNANTS.			
118	Een Landfchap, met een Jagt in 't Verfchiet *Dezelve*	$10\frac{1}{2}$	$14\frac{1}{2}$	*63 — —*
	VAN DEN BOSCH.			
119	De Stad Antwerpen van 't Vlaemfe Hooft te zien *Brouwer voor Avet*	20	37	*78 — —*
	VAN DER NEER.			
120	Een Landfchap met Koeyen *Keizer*	9	$12\frac{1}{2}$	*101 — —*

D   NIEUW

1163 —

N°.		Hauteur	Largeur en Pouces.

NIEUWLAND.

121 *Une Vuë avec des Edifices Antiques.* 10 15

Par SAVERY ou d'après lui.

122 *Un grand Tableau, représentant un Desert, avec grand nombre d'Animaux de toute sorte ;*

$$\left. \begin{array}{l} \text{Haut } 6\tfrac{1}{2} \\ \text{Large } 13\tfrac{1}{2} \end{array} \right\} \textit{pieds.}$$

D'un MAITRE ITALIEN.

123 *Cavalcade d'un Pape, avec beaucoup de figures, dans le Lointain, l'Entrée de Jesus-Christ, dans Jerusalem.*

N°.	NIEUWLAND.	Hoogte	Breette Duimen.	
121	Een gefigt met antique Gebouwen. *Vander Hoek.* Van of nae SAVARY.	10	15	104 —
122	Een groot ftuk Verbeeldende een Wildernis vol allerhande Dieren. Hoog 6½ ⎫ Breed 13½ ⎬ voet. *De Hond.* Van een ITALIAANS MEESTER.	—	—	— 50 — — 50 —
123	Cavalcade van een Paus, met veel Beelden, in 't verfchiet de Intrée van de Heere Chriftus in Jerufalem. *Keizer.*			/ 204 —

Verzaameling.

Pag.		
5	— — — — —	786 —
7	— — — — —	3782 —
9	— — — — —	4786 —
11	— — — — —	5650 —
13	— — — — —	3046 —
15	— — — — —	3419 —
17	— — — — —	2154 —
19	— — — — —	2654 —
21	— — — — —	1902 —
23	— — — — —	1333 —
25	— — — — —	1163 —
27	— — — D 2	204 — CATA-

Somme / 30679 — — —